Grille n° : 1

p	z	t	e	e	j	t	i
y	f	a	k	s	t	l	g
y	u	b	t	c			b
e	u	o	p	a			a
k	h	u	i	l	e	n	t
j	a	r	d	i	n	e	e
q	e	e	e	e	e	z	a
w	v	t	e	r	r	i	u

bateau - escalier - huile - idee

jardin - lent - nez - tabouret

Grille n° : 2

r	i	r	e	y	i	o	t
v	d	r	i	v	c	n	t
z	e		a	c	i	d	
m	e		u	z	g	v	
s	o	i	g	n	e	u	x
s	a	n	g	l	i	e	r
j	a	m	b	o	n	p	y
x	b	e	c	a	r	e	d

bec – car – guepe – idee

jambon – rire – sanglier – soigneux

Grille n° : 3

s	d	o	u	x	p	o	t
o	j	i	y	x	o	a	a
u	e	e	p	l	n	t	u
s	u	l			t	r	b
n	l	f			g	h	a
d	j	a	l	j	x	u	c
w	h	d	e	c	b	m	f
e	p	o	m	m	e	e	t

doux – jeu – oie – pomme

pont – pot – rhume – sous

Grille n° : 4

u	h	q	e	s	x	d	c
s	e	u	l	e	c	i	a
f	n	v	s	c	v	m	r
c	e	o	a	o	l	a	t
o	r	i	z	u	j	n	o
u	v	r	k	s	g	c	n
r	e			s	o	h	o
p	r			e	d	e	l

carton – cour – dimanche – enerver

riz – secousse – seul – voir

Grille n° : 5

e	k	b	p	v	d	k	r
a	p	w	i	e	e	v	c
b	o	t	h	n			c
r	q	s	t	e			v
q	y	n	o	r	h	f	q
m	s	a	u	v	a	g	e
f	a	u	t	e	u	i	l
b	c	l	e	r	t	h	e

de − enerver − fauteuil − haut

sac − sauvage − the − toute

Grille n° : 6

r	e			z	l	g	n
e	p			a	s	a	v
c	l	a	u	c	a	j	e
r	u	j	n	i	r	i	r
a	c	v	i	t	t	t	b
s	h	f	q	r	l	r	y
e	e	z	u	a	f	a	g
r	r	p	e	n	n	p	l

citron - clou - ecraser - eplucher

sort - trop - unique - ver

Grille n° : 7

r	r	o	c	h	e	r	o
o	h	r	s	a	l	i	a
t	r	e	q	b			v
i	d	i	t	i			n
h	y	l	v	l	c	j	u
x	r	l	i	l	i	m	a
l	g	e	d	e	w	x	g
v	r	p	i	r	a	t	e

habiller – hero – nuage – oreille

pirate – rocher – roti – sali

Grille n° : 8

e		g	w	i	e	g
p		o	m	k	a	j
l	c	i	g	o	g	n	e
u	h	d	a	u	b	g	p
c	a	e	r	v	v	o	e
h	i	e	d	r	y	m	e
e	s	f	e	e	h	m	l
r	e	h	t	g	t	e	b

chaise - cigogne - epee - eplucher

garde - gomme - idee - ouvre

Grille n° : 9

u	c	b	g	j	e	p	j
h	b	t	q	q	r	k	e
d	a			v	t	m	f
c	v			b	l	w	o
h	a	q	g	e	n	o	u
o	r	o	b	e	g	k	r
i	d	e	e	u	z	i	m
x	e	x	c	u	s	e	i

bavarde - bec - choix - excuse

fourmi - genou - idee - robe

Grille n° : 10

j	m	z	b	o	c	n	r
h	r	w	c	b	r	o	o
b	g	r	r	t	m	c	o
g	r	g	o	u	t	e	r
c	a	o	q	n	z	o	o
o	m	s	u	o			m
u	i	s	e	i			a
i	n	e	r	x	p	m	n

ami - cou - croquer - gosse

gouter - noix - roman - zoo

Grille n° : 11

e	p	w	h	g	n	s	e
n	a	g	e	o	i	r	e
o	n	o	g	i	l	a	c
u	t	i	x	e	e	n	h
r	e	n			u	g	e
r	n	f			q	p	z
i	n	r	l	x	i	c	y
r	e	e	t	a	v	t	o

antenne – chez – goinfre – ile

nageoire – nourrir – oie – rang

Grille n° : 12

t	a	h	d	f	c	e	p
g	u	d	y	y	a	g	p
l	s	i	p	a	x	v	s
f	a	x			q	s	h
r	u	i			b	a	f
o	m	e	l	e	t	t	e
i	a	m	i	e	l	l	e
d	n	e	t	a	b	l	i

dixieme - elle - etabli - froid

lit - miel - omelette - saumon

Grille n° : 13

q	r	x	j	q	m	g	r
u	b	j	p	u	m	c	t
t	s			b	f	o	e
u	a			l	w	b	m
j	u	p	t	m	a	g	p
t	t	h	e	a	t	r	e
g	e	n	t	i	l	i	t
c	r	c	u	s	h	s	e

gentil – gris – lit – mais

sauter – tempete – tetu – theatre

Grille n° : 14

m	b	o	m	y	h	q	w
e	a	b	o	v	n	j	h
d	l	j	u	o			t
a	a	c	t	f			u
i	d	o	o	i	y	c	r
l	e	e	n	x	c	a	b
l	l	u	x	e	b	f	r
e	z	r	o	r	u	e	o

balade – cafe – coeur – fixer

luxe – medaille – mouton – rue

Grille n° : 15

l	x	r	u	s	n	k	s
v	c			h	e	m	p
h	e			f	n	t	a
e	c	d	b	e	u	r	x
p	o	r	u	v	p	o	y
e	u	d	l	i	h	u	n
r	t	o	l	e	a	g	g
e	e	s	e	r	r	e	y

bulle – dos – ecoute – evier

nenuphar – pere – rouge – vie

Grille n° : 16

b	i	n	d	e	x	u	l
i	i	a	o	s	u	w	g
e	h	g	s	t	h	g	i
n	z	e			b	p	w
b	p	o			g	b	p
j	e	i	d	w	r	w	s
a	r	r	v	i	i	q	e
z	e	e	k	u	s	o	l

bien – dos – gris – index

nageoire – pere – sel – sol

Grille n° : 17

q	d	s	c			i	z
v	e	o	a			h	j
i	u	w	r	f	a	i	m
r	x	l	t	t	n	k	l
g	i	e	a	i	g	x	i
u	e	c	b	p	e	r	o
l	m	o	l	i	m	j	n
e	e	n	e	q	s	t	v

ange – cartable – deuxcieme – faim

lecon – lion – tipi – virgule

Grille n° : 18

l	s	k	v	a	e	p	k
k	h	s			b	p	s
z	x	o			b	u	s
r	a	i	s	i	n	g	e
i	r	g	r	d	o	s	t
g	r	n	r	e	p	i	w
n	e	e	l	e	q	m	k
t	t	r	x	h	k	c	m

arret - bus - dos - epi

idee - raisin - singe - soigner

Grille n° : 19

s	o	u	s	t	h	e	z
n	a	t	t	e	k	e	r
w	c	a	l	o	l	j	c
w	c	s	a			q	m
s	a	v	n			d	a
y	c	v	g	c	y	g	r
b	a	g	u	e	t	t	e
z	a	r	e	i	l	l	e

baguette – cacao – langue – maree

natte – oreille – sous – the

Grille n° : 20

d	n	i	g	a	r	e	f
v	h	m	z	e	u	c	p
i	p	p	d	r	i	o	g
l	r	r	a	o	s	l	m
l	o	i	i	p	s	e	v
e	p	m	m	o	e		
z	r	e	v	r	a		
o	e	r	j	t	u	m	p

aeroport - daim - ecole - gare

imprimer - propre - ruisseau - ville

Grille n° : 21

v	c	s	g	a	r	b	h
l	z	q	t	a	s	s	e
a	v	e	r	t	i	r	c
i	l	r	a	e			r
s	i	e	t	t			a
s	s	p	n	u	u	e	s
e	s	a	a	u	y	z	e
r	r	e	s	c	v	q	a	r

avertir - ecraser - laisser - lisse

rat - repas - tasse - tetu

Grille n° : 22

		y	s	w	t	y	f
		l	x	f	h	e	c
u	v	r	r	f	o	r	t
e	p	o	a	e	f	a	j
l	o	i	l	p	p	n	x
e	i	e	e	i	v	g	c
v	l	a	r	q	l	e	n
e	t	x	x	k	f	r	w

eleve – epi – fort – oie

poil – raler – ranger – roi

Grille n° : 23

h	b	r	n	h	v	i	z
a	t	x	o	q	n	i	f
c	m	w	u			j	w
a	w	b	n			b	c
r	y	s	o	l	i	d	e
n	e	n	u	p	h	a	r
e	p	a	r	e	n	t	s
t	h	e	s	r	s	e	y

carnet – date – nenuphar – nounours

parent – parents – solide – the

Grille n° : 24

a	w	l	j	u	d	j	f
u	c	e	u	f	f	o	r
j	h			b	d	v	b
m	i			m	u	t	q
b	f	g	w	a	a	u	u
a	f	f	a	m	e	p	a
v	o	i	c	i	p	y	n
a	n	e	v	e	i	e	d

affame - amie - ane - chiffon

epi - mamie - quand - voici

Grille n° : 25

a	d	d	i	t	i	o	n
q	i	u	r	r	d	x	p
s	m	r	e	e	i	y	i
i	a	j	c	f	o	g	e
c	n	e	u	l	t	e	r
d	c			e	g	n	r
d	h			r	a	e	e
q	e	r	a	l	v	a	s

addition – dimanche – dur – idiot

oxygene – pierres – recu – trefle

Grille n° : 26

z	i	f	g	m	f	j	m
p	c	u	e	a	e	c	i
f	o	i	n	r	u	e	g
s	e	f	o	i	s	p	n
i	m	h	u	s	i	e	o
w	d			n	n	e	n
r	d			r	e	d	l
p	q	a	d	d	d	v	k

epee - feu - foin - genou

mari - mignon - rue - usine

Grille n° : 27

l	a	v	a	b	o	e	a
s			n	a	t	c	h
e			m	g	a	r	f
r	v	x	o	u	r	i	l
r	a	q	u	e	t	t	e
u	a	s	c	t	i	u	c
r	h	z	h	t	n	r	h
e	r	g	e	e	e	e	e

baguette - ecriture - fleche - lavabo

mouche - raquette - serrure - tartine

Grille n° : 28

m	g	o	s	s	e	a	u
a	p	i	y	i	p	e	u
r	t			r	o	b	s
e	p			o	n	t	a
e	j	t	a	p	g	e	u
w	n	t	a	v	e	r	m
w	q	l	t	i	i	r	o
h	g	r	b	m	j	e	n

eponge – gosse – maree – peu

saumon – seau – sirop – terre

Grille n° : 29

b	b	s	a	h	y	r	w
r	h	o	r	l	o	g	e
z	e	r	a	v	u	a	c
d	u	c	v	i	r	n	h
f	r	i	b	s	s	t	o
o	e	e			a	a	r
p	u	r			n	w	i
p	x	e	d	k	r	l	j

echo – gant – heureux – horloge

ourson – sorciere – vis – zero

Grille n° : 30

b	l	o	n	d	r	j	d
a	k	b	p	v	b	s	o
a	a	a	z	n	x	y	m
h	h	w			j	p	p
g	k	q			o	a	t
x	v	i	r	g	u	l	e
s	e	l	e	v	e	i	u
r	a	t	e	r	r	t	r

blond – dompteur – eleve – jouer

lit – rater – sel – virgule

Grille n° : 31

d	v	l	e	k	q	b	c
d	r	b	t	n	u	r	j
q	b			o	a	h	l
k	j			i	t	r	f
c	a	e	o	s	o	o	l
y	c	g	f	e	r	m	e
b	r	a	s	a	z	a	u
w	i	l	v	u	e	n	r

bras – cri – egal – ferme

fleur – oiseau – quatorze – roman

Grille n° : 32

q	k	z	g	d	r	w	d
z	b	z	c	m	o	t	t
m	a	c	h	i	n	e	a
u	l	b	e	d	j	g	c
n	e	i	v	e	e	u	h
y	i	e	a	e	b	e	e
e	n	n	l			r	x
r	e	u	y			e	j

baleine - bien - cheval - guepe

idee - machine - mot - tache

Grille n° : 33

c	m	f	v	i	l	l	e
l	a	n	e	z	l	w	l
e	n	v	l	l	t	a	e
k	c	q	a	t	s	e	p
l	h			e	f	v	h
v	e			m	f	o	a
k	r	n	t	p	i	t	n
k	a	z	j	s	o	n	t

ane – de – elephant – manche

sont – temps – velo – ville

Grille n° : 34

n	e	r	f	w	f	x	n
m	p	u	s			n	l
m	i	p	d			p	a
b	c	i	o	g	f	d	i
m	e	i	u	e	r	h	s
s	r	h	c	n	i	b	s
r	i	z	h	o	t	t	e
i	e	d	e	u	e	r	r

douche – epicerie – frite – genou

hotte – laisser – nerf – riz

Grille n° : 35

bequille – cartable – cigale – domino

main – note – nouvelle – poignet

Grille n° : 36

u	i	c	u	r	l	o	x
i	g	o	u	t	e	r	g
p	o	b	s	u	d	a	a
e	i	j	i	n	g	d	v
r	n	e	n	n	f	i	e
d	f	t	e	e	h	s	c
r	r			l	d	p	t
e	e		b	e	v	v

avec - goinfre - gouter - objet

perdre - radis - tunnel - usine

Grille n° : 37

p	x	z	e	e	i	w	j
c		e	c	t	p	m	
y		z	r	s	y	t	
b	r	s	o	i	n	o	m
u	u	l	e	v	a	o	a
t	g	u	u	a	t	x	i
g	b	u	f	i	t	k	n
i	y	j	c	n	e	j	y

but - ecrivain - main - natte

nom - oeuf - rugby - soin

Grille n° : 38

c		w	h	m	g	z
h		l	f	z	c	r
e	g	c	i	g	a	l	e
m	f	e	r	m	e	o	r
i	n	v	i	t	e	c	j
n	o	e	w	c	t	h	e
e	z	a	v	o	w	e	b
e	c	u	y	u	d	r	z

cheminee - cigale - clocher - cou

ferme - invite - the - veau

Grille n° : 39

r	r	y	e	t	i	p	n
p	y	z	u	t	u	o	r
i	y	l	o			s	e
s	o	q	a			t	p
c	m	y	s	t	e	r	e
i	f	u	s	e	e	o	t
n	q	u	i	z	f	i	e
e	f	t	s	n	j	s	r

assis – fusee – mystere – piscine

qui – repeter – roi – trois

Grille n° : 40

		c	g	i	d	i	j
		h	o	b	j	e	t
a	m	o	t	o	c	p	y
r	p	u	i	u	l	i	z
m	m	e	r	l	a	r	k
u	q	t	e	e	s	d	w
r	y	t	s	u	s	k	k
e	t	e	n	t	e	s	f

armure – boule – chouette – classe

epi – moto – objet – tire

Grille n° : 41

f	a	m	t	a	p	i	s
e	f	e	r	i	o	y	r
u	f	n	w	l	c	u	k
x	i	t			p	j	j
r	c	o			r	g	a
w	h	n	h	r	e	s	u
f	e	o	t	m	a	z	n
m	h	j	p	s	u	r	e

affiche - ail - feu - jaune

menton - preau - sur - tapis

Grille n° : 42

p	s	v	a	a	f	t	f
l	d	p	z	p	t	o	s
o	d			g	u	n	a
n	d			q	k	d	u
g	a	m	i	e	a	e	v
e	c	a	l	s	b	u	a
o	p	r	e	s	r	s	g
n	z	i	r	h	i	e	e

abri - amie - ile - mari

plongeon - pres - sauvage - tondeuse

Grille n° : 43

g	t	a	f	a	o	l	m
l			t	q	m	c	v
i			u	v	e	k	g
s	i	g	n	a	l	e	r
s	n	u	i	t	e	x	a
a	d	e	q	b	t	v	p
d	e	p	u	k	t	w	e
e	x	e	e	p	e	o	r

glissade - guepe - index - nuit

omelette - raper - signaler - unique

z	v	f	l	o	t	t	e
f	p	k	o	a	l	a	c
o	o	z	i	c	a	p	t
i	t	n	n	o	i	e	j
n			t	u	s	u	v
b			a	g	s	t	b
w	r	b	i	q	e	t	u
c	q	k	n	l	r	j	l

cou – flotte – foin – koala

laisser – lointain – pot – tape

Grille n° : 45

f	e	x	p	k	p	t	u
o	c	t	e	t	b	u	x
u	c	h	i	e	n	j	r
r	e	j	n	e	p	i	s
r	n	u	t	n	e	z	k
u	t	p	u			g	i
r	r	e	r			o	p
e	e	b	e	u	s	s	o

chien – entre – epi – fourrure

jupe – nez – peinture – ski

Grille n° : 46

c	q	m	z	d	m	b	i
m	u	e	f	i	v	b	m
d	i	r	b	m	e	b	a
o	q	c	v	a	o	a	c
u	k	i	c	n	o	t	n
c			o	c	g	e	f
h			i	h	q	a	o
e	a	g	n	e	a	u	u

agneau - bateau - coin - dimanche

douche - fou - merci - qui

Grille n° : 47

w	e	p	z	o	o	m	w
g	t	a	o	d	x	a	z
l	e	p	x	s	y	g	j
o	i	i	y	o	g	a	o
b	n	l	g	n	e	z	l
e	d	l	e	n	n	i	m
p	r	o	n	s	e	n	p
g	e	n	e	m	d	e	o

eteindre - globe - magazine - oxygene

oxygene - papillon - son - zoo

Grille n° : 48

k	i	t	x	i	p	c	p
t	h	e	p	i	l	e	a
f	r	a	n	c	e	c	u
p	a	k	j	i	v	h	s
i	s	i			w	e	s
n	e	x			w	c	e
g	r	p	i	m	i	l	r
l	k	i	r	z	k	h	v

echec - epi - france - ici

pile - pousser - raser - the

Grille n° : 49

v	a	l	i	s	e	r	b
l	w	a	m	d	m	u	e
v	q	m	o	i	n	i	c
r	b	a			o	s	h
u	j	f		s	s	e
g	j	p	k	e	p	e	l
b	j	o	u	r	n	a	l
y	m	j	e	u	v	u	e

echelle - jeu - journal - lama

rugby - ruisseau - valise - vue

Grille n° : 50

x	x	b	p	b	h	b	k
a	t	p	z	p	b	q	e
e	a	o	g	g	r	b	p
t	r	y			u	q	r
a	m	g			l	h	r
b	u	r	e	a	u	b	o
l	r	o	p	f	r	o	t
i	e	s	i	s	e	l	i

armure - bol - brulure - bureau

epi - etabli - gros - roti

Grille n° : 51

i	t	t	w	j	d	p	y
p	g	k	k	x	b	l	j
r	s			h	t	a	g
e	a			v	g	i	a
n	c	o	m	m	e	n	t
t	j	v	p	e	n	d	e
r	c	u	h	r	o	r	a
e	m	e	e	e	u	e	u

comment – gateau – genou – mer

mere – plaindre – rentre – vue

Grille n° : 52

g	q			x	s	y	c
s	u			b	o	c	h
p	a	r	e	i	l	h	e
j	r	o	l	e	u	a	v
b	a	s	e	n	t	n	i
d	n	e	v	t	i	s	l
r	t	e	e	o	o	o	l
z	e	f	i	t	n	n	e

bientot – chanson – cheville – eleve

pareil – quarante – rose – solution

Grille n° : 53

r	t	b	w	y	c	n	a
e	o	r	p	f	h	h	r
t	i	i	a	a	u	e	a
a	l	l	k	c	c	r	i
r	e	l	e	t	h	o	g
d	t	e	w	e	o	m	n
u	t	r	v	u	t	o	e
i	e	y	f	r	e	t	e

araignee – briller – chuchote – facteur
hero – mot – retard – toilette

Grille n° : 54

e	k	q	c	y	l	f	m
p	u	u	s	v	g	d	o
w	o	f	o	c	f	p	h
n	l	p	i			l	t
a	h	o	s			e	w
v	j	d	e	l	e	v	e
e	f	r	a	i	s	e	l
t	f	e	u	t	p	r	u

eleve – feu – fraise – lever

lit – navet – oiseau – sel

Grille n° : 55

g	a	l	a	x	i	e	a
r			p	n	h	p	m
i			h	b	f	o	o
c	b	n	a	l	o	i	u
c	u	n	r	a	s	v	r
a	c	h	a	m	b	r	e
s	i	r	o	p	f	o	u
e	n	l	n	e	o	n	x

amoureux – case – chambre – galaxie

lampe – pharaon – poivron – sirop

Grille n° : 56

t	i	r	t	q	n	f	i
y	g	v	r	e	v	k	m
w	l	i	i	n	v	t	a
v	u	r	a			l	g
b	p	g	n			g	i
e	p	u	g	s	i	x	n
b	e	l	l	e	a	u	e
e	u	e	e	u	d	k	r

bebe – belle – eau – imaginer

peu – six – triangle – virgule

Grille n° : 57

p	w	w	j	d	k	q	z
p	u	d	w	s	w	r	v
d	r		b	d	e	o	
d	x		o	y	f	u	
b	a	r	q	u	e	l	l
s	l	i	t	g	p	e	o
a	l	p	u	i	e	x	i
c	o	p	s	e	e	e	r

allo - barque - bougie - epee

lit - reflexe - sac - vouloir

Grille n° : 58

a	e	u	p	c	r	e	v
g			w	g	z	q	r
e			c	m	r	p	p
l	a	n	t	e	n	n	e
u	q	r	e	p	o	s	i
t	c	q	g	e	m	r	g
i	o	y	a	z	e	l	n
n	u	t	l	m	r	r	e

antenne – cou – egal – lutin

mer – nom – peigne – repos

Grille n° : 59

q	e			o	p	o	m
x	g			o	r	r	e
j	r	i	r	e	e	e	r
a	o	n	i	m	f	g	i
u	g	i	g	a	l	i	n
n	n	c	j	t	e	m	g
e	e	i	e	i	x	e	u
r	r	g	e	n	e	q	e

grogner – ici – jaune – matin

meringue – reflexe – regime – rire

Grille n° : 60

p	i	n	g	o	u	i	n
o	j	s	a	a	s	m	t
i	o	p	z	z	i	p	i
n	l	b	o	g	n	a	r
t	i	w	n	e	e	s	e
e	e		h	x	s	a	
o	u		y	l	e	j	
i	m	z	o	i	o	f	w

gazon – impasse – jolie – lieu

pingouin – pointe – tire – usine